AF174499

# ALMACENANDO EL ALMA DE MIS INFIERNOS

## Óscar Ruiz Moreno

**Almacenando el alma de mis infiernos**

Primera Edición 2024
© *Óscar Ruiz Moreno 2024*

© *Editorial Poesía eres tú.*
*https://poesiaerestu.com*
*C/Dr. Fleming Nº50, 4ºD*
*28036 Madrid*
*Teléfono: 34 91 999 13 12*

*ISBN: 978-84-18893-76-6*
*Depósito Legal: M-13889-2024*

# ALMACENANDO EL ALMA
# DE MIS INFIERNOS

## ÓSCAR RUIZ MORENO

## EVOCAR PLASMANDO

Escribo
textos, frases, falseos y sueños que no tengo.
Al tiempo, al cuento y al viento que no me mueve
a ti que no estás y echo de menos,
al movimiento
al silencio y la luz tenue.
Soy prosa, verso vacío
gotas al rocío
al frescor de la mañana indagando el alma
a través de los escritos.

# DEJÉ LO NOCIVO

Si sabes contar conmigo no lo hagas,
he descubierto que el mundo está lleno de serpientes,
no quiero esforzarme con el peso de los días,
me vale, me conformo con lo poco que tengo
esperando que suene la campana
si es que alguna vez deje de oírla.
Quiero salir nada más entrar por la ventana,
ahora que empiezo a sentir,
ahora que encontré mi alma,
sabes que no puedo fallarte
tengo fe en mí.

## AL ESPEJO DEL ABISMO

Pierdo el equilibrio,
no puedo asomarte
al fondo de mí mismo
que no puedo acercarme,
ni hablar ya con mi abismo
que me desequilibro
yo ya solo quiero amarte,
y ser perpetuo fijo.
Mirarme en el espejo y que me dé lo mismo,
ya no te hace falta sentirte en el abismo.

## AQUI, BIEN Y AHORA

Los números, las reglas, el tiempo, la justicia
el orden, la desidia, la locura, el tráfico
los semáforos en ámbar,
la extremaunción que no tengo,
los buenos consejos son para ti
y en mí no pongo en practica
lo mejor que digas para ti
me conformo con lo que tengo
las ganas de salir y encontrar mi yo más completo,
no soy de llorar delante de nadie
me cansé de no buscar mis sueños
ya estoy aquí,
ya está bien.

## ANIMO A LA RUTINA HORROR

Por los que viven sin horarios
y no saben apreciar el tiempo que se agota,
para los que tienen libros
y no aprecian su interno regalo,
para los que escriben sin pensar en los fallos ortográficos.
Animo a los que sueñan con tener otro trabajo,
sin honorarios irrisorios
sin tener que sufrir para llegar a fin de mes
me quito mi pan duro de mañana
para que te lo puedas comer hoy blandito.

## LA VALIOSA AUTOESTIMA

Juro decir la verdad,
solamente la verdad
aunque duela ser sincero,
transparente estoy buscando,
me gusta lo que veo
cuando estoy solo conmigo.
Demasiados años dormido
dejando el tiempo pasar distraído,
cuarenta años buscando y estaba aquí escondido,
solo y nunca aburrido,
prefiero una verdad desnuda
a tus mentiras con vestido.

## SEGUIR ADELANTE

Siempre saldrá el sol
antes o después
siempre sale
y si no,
a mí me da igual
a mí que no me gustan las despedidas
no quiero el abrazo de la luna
me conformo con su luz
y volver a sonreír.

## LOS SONIDOS QUE VEO

Suenan tambores,
no son clamores,
parece Jumanji, en fin,
son acordes bailando en el borde,
me quiero salir
sin resorte puede ser el fin.
Pero me mantengo erguido
no tengo por qué mirar a otro lado
observo desde aquí
desde mi obsceno mirar apagado.

# REFLEXIÓN

El tiempo no avisa
ni espera,
bajo el calor del sol
bajo la tormenta no escampa,
imposiciones saludables
que perturban mi instancia
los que escriben las historias
en qué bando militan
qué lees
qué te identifica
sales solo
o miras con otros ojos.

## DULCES DOLORES

Contra la voluntad
de andar erguido
perseguido por los dolores
por cualquier rincón
un libro basta
una hoja en blanco.

# NO SÉ

No sé si me hace más feliz
encontrarme siempre conmigo
o no volver a verte jamás.

## FUTURO INCIERTO

Ahora que el tiempo no pesa,
ahora que no cuestan los pasos,
cuántos vasos que llenar
para celebrar el adiós al malestar,
ya no quiero molestar,
mi paso por aquí
dejará la huella,
cuando te valores más,
que el tiempo que te quitan.

## EN LUCHA CON LA VIDA

Feliz de emprender un camino,
en el que el final es incierto.
Feliz de poder elegir.
Feliz de tener la posibilidad de encontrarme,
y si no lo soy
encontrar la gloria hasta en los despojos.
Buscar en los sueños,
despertares diferentes.
Recoger las cosas que alboroten
mi alrededor
y escribir para organizarlo todo.

## AHORA ES CUANDO

Quiero ser mi propio jefe,
quiero ser el único empleado,
de mi única empresa.
Que mis pedidos sean de libros que aún no tengo,
que mi única ruta sea la del no retorno,
pasarme el día en sitios que no conozco,
observar el entorno,
coger aire
y cantar cuando nadie pueda escucharme.
Desayunar sentado
pensando qué hacer para comer,
aunque no sea necesario,
desear merendar fuerte
para no pensar qué cenar.

## SORBOS FRENTE AL ESPEJO

Comerme la locura hasta que no quedé,
nada en la mesa
darles sorbos al tiempo
para que pase despacio
y rápido caer en los días
sin saber qué me deparará
al llegar la noche.
Con el tiempo vacío aún por rellenar,
conmigo,
ni siquiera me conozco,
cuando me reconozco
frente al espejo.

# EL RELOJ DE LAS RUTINAS

Mi tiempo es mío
quiero ser como un reloj estropeado,
y conformarme con hacer solo
dos cosas bien al día,
sin cambiar de vida
aburrir a las rutinas,
ser constante, monótono
en el adiós al estrés,
adiós algunos,
hasta luego a otros,
y hasta otra cocodrilo.
Nado con Nilo
hago rugir a mi León
saltos al vacío
en el tiempo muerto.

## ANIMÓ IMAGINARIO

A ti
deseo mandarte dejar,
fluir tu imaginación
para perfeccionar tu inexperta letra,
que entres en el mundo de la escritura,
crees lugares a los que cueste llegar
y encante quedarse dentro.
Cuando comience tu creatividad por placer,
y no como la mía que ya necesito
como el mono de un toxicómano,
la dependencia cotidiana
que busco,
igual que un día nublado en pleno agosto.

## OBSERVA TU ALREDEDOR

A ti otra vez
ahora intento que gastes tiempo en tu mente esponja,
salgas a mirar,
cosas a fuera que no tienes,
salta, grita y enfádate
por lo que realmente te gusta y quieres,
di no, y aprenderás más,
lucha, piensa
confía en tu instinto,
todo al final sale bien,
es un misterio,
deja tu móvil a un lado
y observa.
Todavía quedan cosas por venir.

## MATIZES

Estar loco está bien
para no estar nunca solo,
estar solo a veces está bien
para no volverse del todo loco.
La cordura no existe
es un espejismo popular diario.
La sonda obstruida no deja paso a la claridad
todo es sombra
en un mundo loco.

## CAMINO CON DEMONIOS

Una oferta
sin opción de réplica,
no hay noticias desde el frente,
solo el silencio me suplica
que me salga de esta selva
llena de serpientes.
Es un circo
tengo pendiente aún darle paciencia al tiempo,
no rezo para que no aparezcan los demonios,
aunque no sé,
me siento más a gusto con ellos
no vienen vestidos con despojos.
Los dolores esconden mis fuegos internos
juego conmigo,
no tengo prisa por llegar a ningún sitio.

## LA PROFUNDIDAD

Desprecio tu aprecio
no es justo donde llega,
tienes un límite que alcanza mi justicia,
no hay ley que te ampare,
no hay mal que bien no tenga,
no hay mal que bien te venga.
Luchando por algo roto
lleno de estiércol,
tu castillo quebrado,
sucio,
cierra que no vean,
la mierda mejor dentro hasta que rebose.

# ENSEÑANZA BÁSICA

Amor de toda la vida
entre tantas almas,
y la tuya qué casualidad
está en clase, en el barrio, en el pueblo
te conformas con lo que la vida te da.
Tu alma necesita
lo que se asemeja a tu esencia,
vivimos ciegos de vida,
muertos en un amor que no nos pertenece,
sal corriendo,
huye,
el amor no está a tu lado
se esconde en tu metrosexualidad.

## ÁNIMO EN COMA

Cuando no hay motivos para hacerlo
el lienzo en blanco
la mente loca
busca cómo enlazar el cuento
no hay punto
como tampoco fin
las comas cobran el sentido a no parar
y seguir escribiendo
escritor autónomo
que se busca la vida
con su oficio.

## NO SABIENDO NADA

A veces con escuchar sobra,
hay que mantenerse al margen,
tu ilusión desmotiva
la desgana bajo el sol
que me abre la calma,
el sol pica
pero es dulce su alivio.

## PURO SABOR AMARGO

Ya da igual lo que se haga
he forjado los cimientos
no se necesita llorar
para apagar los fuegos del infierno,
ya sólo queda pensar,
que algún día volverás
y verás volar las cenizas de la agonía,
como si de una armonía se tratara.
Ahora sí parece que llorar
ha valido para algo,
la pena ya es pasado.

## INCERTIDUMBRE DEL ALMA

Si lo difícil es empezar
cómo termino esa historia,
cuál es el final
que no acaba,
el que te envuelve en la compañía
que no poseo,
el suspiro de elevación
que tanto abrazas y vacía,
renueva el espíritu
en otro banco,
que ni siquiera existe.

## ANACORITA AL PODER

Cuando encuentres
tu instinto animal
déjalo correr libre
por donde quiera
magnifica su existencia
no somos otra cosa.

## INTENTARLO, BUENO Y MALO

Que más me da que no te guste,
si en realidad sólo piensas en ti,
yo ya sólo en mí, porque no tengo fe,
en otra cosa.
La humanidad sin humanidad
sin sentido común.
En los días que pasan nublados,
aunque por encima esté el sol
y la vista no me alcanza.
El egoísmo de escribir solo,
cuando el único ruido soy yo y las nubes,
que más me da que no quieras
decirme que existe el sol
o que hay otra oportunidad
al doblar la esquina.
Mezquinas ideas al borde
del abismo.

## A TI PÁ, INTENTO VISLUMBRAR ALGUNA LUZ

Ahora en este trozo
que es un fragmento de otro que no cierro,
agradecerte hacerme mirar desde fuera,
porque los muros se tiran,
los libros se pintan,
y se quiere a quien te abraza.
Ir donde no te esperan,
que en el abismo también hay cosas bellas,
aunque los caminos nunca lleven a ellas,
el chiquitín que un día escuchó tu panza,
tus bélicas enseñanzas
contra las injusticias con ultranza.
Lector altruista,
dueño de un banco ya sin reflejo,
quiero estar contigo y no puedo morirme.

## CALMA

Hoy los gatos no maúllan,
hay en las esquinas pelusas,
se ha derramado el tintero,
sólo queda ser sincero
mientras me usas,
los mejores versos
vienen siempre de los despojos
de recuerdos
que había olvidado.

## ESPERANZA DE SENTIR

Recuerda allí donde estés
sin la humanidad podrida,
que no te olvido.
Los pájaros ya no cantan igual,
las pilas del ajedrez ya no funcionan,
son las piezas las que son de madera,
siguen siendo esenciales,
la patata, el ajo y la cebolla
la pena se llevó el pienso.
Puedes oír la mayéutica que llevo dentro,
sonoros sentimientos
que me acerca el viento,
sin rumbo
a otro silencio,
un tambor sin mentor de cuentos
sin ti no hay protocolo
ni un buen prólogo
como tampoco hay fin
serás siempre eterno.

## LEVES SENTIMIENTOS

Escribir y contar lo que no entiendo
para disfrutar de la salida,
esta herida que me recuerda
cuál es la solución,
la noción de la vida,
sin querer ser nadie
sin querer nada más,
que esta sensación de estar
más arriba,
cuesta arriba.
Otra vez no puedo empezar sin sacar los dientes,
ahora que no me cuesta entender,
de que está hecha esta dura despedida
necesito al viento para echarme a volar,
para quien quiera un abrazo
sin punto final.

## PESIMISMO A RAUDALES

Ya solo ahora busco líneas
que me saquen de la pobreza,
y solo recibo frases
que me destrozan la cabeza.
Es vuestro hambre
el que crea mi angustia.
Es vuestro castillo sin puertas,
el que me cierra la ventana.

# NO VERÁS JAMÁS LA LUZ

El arte de escribir y no contar nada,
tus premios no sirven más que para seguir
escribiendo idioteces.
El oficio del poeta
remunerado por los que no esperan nada.
Las masas que ciegan,
lo escrito y duele,
lo que nos salva,
el aliento, el empuje y la angustia.
Un escondite para las cosas que amaba
y ahora detesto,
como llenar la nevera sin gustarte
lo que haces para hacerlo.
Ánimo sin luz.

## NO HAY ESPERANZA... AUNQUE

Ha salido a buscar a la luna,
a mirar desde donde está su vientre,
todo el mundo por aquí,
y nadie sabe quién ha sido.
Sólo él
sobrevive con migajas,
quiere encontrar el camino a la luna
pero nadie sabe por donde
¿por dónde suena el viento?
Donde maúlla el lobo,
donde hay un arrecife,
donde el único camino es de vuelta,
de vuelta de todo,
de vuelta a la nada.

## CIERTOS RASGOS DE SALVACIÓN

Solo soy un adulto
que intenta a toda costa ser feliz,
solo soy aquel que no recuerdo,
he perdido mis peones,
y me encuentro solo,
ante mí.
Movimientos pendientes,
lo tengo claro, porvenir,
ya lo entendí
es mejor dar un paso que dure
y recapacite,
que no cien y me encuentre como ahora,
triste.

## TOQUE DE IDIOLOGIA

Hay veces que desprecio
al pez gordo
con sus redes
un trono
un mundo más justo.
Soy yo con mi caña.
Un poeta triste,
siempre lo estoy,
no disfruto del tiempo,
tengo el mejor promedio.

## MATIZAR ALGO, SUENA FANTÁSTICO

Voy a escribirme un verso,
voy a salirme del tiesto,
voy a mirarte sin miedo,
voy a caer en tu cuento.
No voy, si no vas,
si vas, me vengo antes de tiempo,
es el misterio del pensamiento.
Voy a lanzar las cuentas pendientes,
voy a salir corriendo,
voy a verte con otros ojos,
voy a ver tu mano de cartas sobre la mesa,
voy a perder la cabeza
tengo la certeza de que hoy,
voy a no poder dormir.

## EXCELENTEMENTE SOLO

Ya no tengo disputas,
he salido de tu perspectiva.
Ya no hay dudas,
me invade el diablo
cuando estoy a oscuras,
ya no creo en nervios,
ya no tengo miedo,
no me hace falta hacerme el dormido,
no me dan miedo las alturas
he aprendido a estar solo
y me gusta.
En el fondo de mí mismo.

## NO TE FÍES

Las guerras las crean los mayores
mientras son los jóvenes quienes van al frente
yo no voy, he decido crear,
hay sonrisas
que son movimientos militares,
traen consigo guerras
que no veíamos,
escondidas tras un instante
no hay bando ganador,
ni paz
sin sueños que cumplir.

## KAOS EN ENE

Ene es nocivo y altruista
novato sin nido
nocturno novelista
necio nativo negacionista
ninguno ningunea la nobleza de una nana
tengo un nudo negativo en la garganta
nuez que no me deja ver las nubes
no al necio
ánimo para el que no encuentra
historia para su novela
nervioso noctámbulo que en neblinas nada
anudo al nazi nítido
me ahogo cuando pienso en Nano
con sus historietas por las nubes
Nilo nitroglicerina en puro estado
nebulosas que no ve León
nitrógeno necesito oxigeno
Ene déjame en paz.

## NO LO OLVIDES

Voy a escribir
hasta que una frase fatídica
te remueva las entrañas,
déjate llevar,
que se te rice el pelo.
En el blanco y negro
hay colores
que no ves,
entre tantas mentiras grises,
despierta
de una vez,
no vas a soñar siempre lo mismo.

## OTRA ANACORITA ENTRE POEMAS

Soy feliz
pareciéndote
un loco explicito
al que no entiendes.
Agur.

## NI PUEDO NI QUIERO

Va para adelante sin pararse
a ver lo que hay en el camino,
aunque tú no lo sepas,
ni siquiera puedes intuirlo,
me he acostumbrado a caminar
con la cabeza baja,
no quiero,
ni buscar, ni encontrar
miradas que me dispongan,
no quiero seguir el camino estipulado
para llegar a tu objetivo,
quiero otras cosas
sin tener que levantar la cabeza
y encontrar reflejos sin nada.

# DÍAS PERDIDOS EN SOLEDAD

Días que pierdo si no leo,
hechos que no descuento,
soledad que me invade
y siento a gusto,
ya puedo ir rápido
pero si pegar una vez fuerte.
Mi rumbo independiente
es nocivo, seco y dulce,
mi gobierno es mi libreta
que apenas reviso,
sincera y honrada
la vida en sociedad no es lo mío
y mi oportunidad sé que no es tuya,
ya no quiero girar en la rueda,
solo necesito ser un hámster
en mi jaula, con los comeros llenos.
Mi habitáculo privado.

## BUSCANDO COHERENCIA

Los capuletos obsoletos,
terapias en valde.
No vale para nada estar triste,
el amor llama y nadie abre,
en un rincón del escaparate
mi estandarte por el suelo,
aunque pises mis anclajes
aún vuelo,
anido en tu cuello,
busco la manera de mantenerme
aunque la ventana esté cerrá.

## MERCE DES VEN

El poema más triste.
Al poema que acompañan siempre las lágrimas.
Lágrimas a tu recuerdo
en cada frase, a cada verso,
hoy viajo a verte,
sin salir de casa,
no me hace falta bajar a Begijar
a llorar a tu recuerdo,
no olvides que no pienso olvidarte,
en cualquier parte
odio al descuido en el que te fuiste,
dejando casas al completo destruido.
Un jardín a tu lado han construido,
no hay mucho ruido por aquí,
y me cuesta un mundo imaginar
subir la rampa para verte.

## CAMINANDO SOBRE LA HISTORIA

Biografías en las piedras calladas,
silencio que abarca el tiempo,
pisando sueños olvidados,
pasarelas,
pasadizos,
y pozos sin fondo.
En los que tirar un deseo
en tiempos templarios
llueve sobre el romero húmedo,
levitó con el olor,
en el fin, está el punto de partida.

## NECESITABA

Necesitaba un pasado
para poder aprender,
necesitaba unos zapatos
para poder emprender,
necesitaba un camino
para poder entender.
Necesitaba creer.
Necesitaba un baile
para invitarte a soñar,
necesitaba una receta
para poderte enamorar,
necesitaba llorar,
necesitaba esperar,
ahí sentado, solo,
pensando que necesitaba observar.

## ANACORITA DÉJAME EN PAZ

Los minutos cuentan
que las horas se cansan
cuando el segundo aprieta
y al primero ahoga.

# ELUDIENDO LA TEORÍA

Un hueco en blanco
puede ser una condena,
una hoja la ruina,
un final sin fin, una odisea.
Exterminando todas las ideas
sin sentido,
vacío.
Con todo un folio por delante,
puedo darlo todo
sin esperar nada de mí.

## DESCONSUELO

No mires arriba
las estrellas pueden marearte,
las fugaces raíces del cometa
ciegan tus sueños,
hay peones a un paso
de convertirse en dama.
Todos quieren subir
cuando se acaba el tiempo,
prometiendo todo tipo de detalles
aquí sólo tendrás destellos.
No es mejor el que mira a la luna
y no sólo mirando al suelo
se ven cosas tristes.

## VACÍO EXISTENCIAL

Ni en el fondo del abismo,
ni en el fondo de mí mismo,
ni en el fondo, perdido.
Estoy,
sin equilibrio,
sin ningún síntoma de suicidio,
sin ninguna necesidad
más que respirar hondo.

## VUELO CON LUZ

Niña voladora
poco a poco has encendido
una luz que tenía apagada,
y ahora estoy en vuelo,
cuando voy cayendo
me da igual hacerlo
sé que estás tú al final de la pista,
esperándome
para alzar otra vez
mi vuelo
como un resurgir,
poderoso guerrero.
Princesa luz, te quiero.

## NO HAY LEY EN LOS DESEOS

Soy a veces
como los deseos
que se piden
al soplar las velas,
no cumplo
con las expectativas
del silencio.
Tal vez, el año que viene,
tal vez, mañana será otro día,
otro día que no va a ser igual.
Otro deseo al balde,
otra vez no.
Con una vez ya es suficiente.

## SOCIEDAD NEFASTA TAMBIÉN CONMIGO

La rumba está sin rumbo,
ha perdido la lírica,
copiadores sin escrúpulos,
esa sensación también es mía.
El tiempo me hace entender al dolor que no quiero,
el tiempo justo a veces no es sincero,
pero llega justo a tiempo,
a la hora del almuerzo,
irrumpiendo el tentempié del silencio,
obligando a llenar el futuro
con cosas que aún no posee,
con cosas que aún no tengo
y si no las escribo las pierdo.

## DESDE LA INFELICIDAD

Llega y no tiene sentido,
trae consigo un abanico,
ya sé que a Roma no va mi camino,
me llevo mal con el destino,
cuento con los dedos al estimo
en mis desiertos no hay oasis escritos,
ni siquiera hay tiempo.
Órdago al no ser,
tablas cuando estoy sediento,
hay futuro en los acordes del viento.
Mi reducido movimiento
problemas tengo que no cuento,
exento.

## JUVENTUD SIN MATICES

Por el valle
cada vez más disgustado,
donde se irá
por todo lo que han luchado,
principios que nos han quitado,
maltratado,
por un mundo destruido
obtusos por el resurgir
de la estupidez en el reflejo
de las pantallas en la cara,
son lo que escuchan en cada recreo,
los mismos que no tienen cosas que contarte,
no piensan,
son los impulsos necios los que los llevan
a otra verdad mentirosa,
al camino que otros han trazado
pensando en la siguiente campanada.
No te despistes, están pasando cosas.

# EL AMARGO OÍR MIRANDO ALREDEDOR

La sonoridad invadida por un ejército de grillos,
no hay silencio ni en la noche,
cuando la mente es más rápida que la pluma,
balones abandonados
sin aburrimiento
sin titubeos,
desde la mejor situación del parque,
privilegiado
por la luz de una farola.
Ato mi tiempo libre
a leer y escribir,
mis manías de chico.
Con bolis nuevos y frases como regalo
que me saquen de este desastre,
observo autónomo en vaivén
de movimientos,
en esto malgasto el tiempo.

## CARO PRECIO

Propicio al necio que no veo,
en el precipicio a nadie tengo,
delego en el instinto
cuando vengo,
reniego que quieras poseer más tiempo,
no le puedo comprar.
Sale caro ser pobre
sin sueldo
mendigo de paz,
a veces me alimento del pasado
en este presente hambriento.

## ¿CONTIGO O CONMIGO?

Párate un par de horas
para estar contigo
no pienses otra cosa,
si sientes ansiedad
vas por buen camino,
ya eres casi consciente.

## ¿QUIÉN ESTÁ AHÍ?

La hora de surfear sin tabla
la palabra
vuela sola, abracadabra
es la sonora balada que te delata
novata ingrata
cierra la puerta
abre la ventana
escucha la melodía de la nada.

## ¿VIRTUD?

No tengo el don de tu emoción
tengo al espejo bajo cautela
esa sensación que vuela tan alto
y por el suelo se restriega.

## INTELIGENCIA EN EL FONDO AMARGO

Me enfado contigo
en una de mis enajenaciones mentales,
eres limpio como el agua,
de tres a casi cuatro destellos
de que la magia existe,
los cambios son posibles,
en este juego,
la partida.
Aunque no te lo creas,
quizás no sepas lo que significa
aún estar triste,
ojalá aun a mi pesar, jamás lo sepas.
Perdón por gritar y pensar
que puedes entender que
estoy medio loco, o casi entero,
soy tu futuro,
y a veces soy imbécil.

## CONTANDO LAS PENAS

Y a quién le cuentas
tú tus cosas
si es que tienes
cosas que contar.

## DESPRENDIENDO CUESTIÓNES

Apoderarme del alma deprimida
de un cómico parlante,
sonreírle al tiempo que quede,
disfrutar en el otro punto de vista
sin hacer caso al imbécil,
indagar en vidas imaginarias
en busca de un parque solitario
buscando motivos
sin tirar la toalla,
en la desesperación diaria,
gritos de atención,
negación a chorros,
ruedas que dan un respiro
engaños que andan
el respeto se gana, aunque se tenga.
La autodidacta locura de cada uno
en parte la buscamos.
Quiero ser un loco,
solitario.

# QUITANDO PIEZAS AL PUZZLE

Me enfado por lo más mínimo,
una sensación.
Una sensación que no es tuya.
Me estoy volviendo loco,
me agobia la ansiedad que no se va,
un miedo que no tengo,
es un terror menos.
Me enfado, lucho conmigo,
intento no hacerlo
pero otra cosa diferente me saca de quicio
en el pasado están tus genes
que ahora son míos,
orgulloso de no ser como quiero.

## ¿ERES BUENA GENTE?

Hay veces que siempre desprecio al pez gordo
con sus redes de oro
luchando por un trono
que no existe
y no por hacer de un mundo más justo
pero quién soy yo
con mi caña de retales
un poeta triste
que escribe por el desahogo
que cuando lo está, disfruta de su tiempo
teniendo el mejor promedio.

## LO DE FUERA Y LO DE DENTRO

Recompensas por ser fugaz,
dañarme por dentro
y sacarlo fuera.
Mis miedos y demonios
tienen los días contados.
La vida no gira, rueda,
hasta la hora del féretro audaz,
pienso ser cenizas.
De qué vale tenerlo todo recogido,
si por dentro, soy todo añicos.

## SÓLO BUSCO SILENCIO

Como un hombre perro
voy buscando en los escombros,
las migajas,
en la luz donde me inspiro,
donde no llegan las entrañas.
Musarañas escondidas,
envían mensajes con ocultas pretensiones,
descifrando enigmas,
desbaratando ajustes,
bajo el volumen hasta donde
aún pueda oírse el silencio.

## SONRÍE AL DURO DESTINO

Quisiera agradecer a la sonrisa
por permanecer a mi lado,
cuando las sombras se ciñen
sobre mi cabeza,
a las miradas limpias, vacías de tristeza,
por hacer creer que hay un destino
en el que el norte
no es
el único camino.

## NO TE NECESITO

No necesito del cobre para pagar el pan,
no necesito un sobre para rellenar el plato,
no necesito de ti,
no quiero ya tu ayuda sucia,
ni la de nadie,
usurero roba tiempo
siempre he sentido no necesitaros,
para poder existir,
bajo cada mirada
mundos ocultos de necesidad,
cerrar los ojos,
la felicidad también puede verse.
Sin vosotros,
existe un mundo en el que ya no estáis
y en el quiero quedarme,
sin vuestras viles hazañas
disfrutando de mi tiempo, que ya no te pertenece.
Ladrón.

# VIENTO

No me gusta salir
y menos relacionarme.
Bueno, sí puedo salir
y en el aire encontrarme,
viene el viento y es por ti,
cierra el huracán de las verdades,
déjame irme a dormir
y al despertar soñarte,
ya no quiero ser feliz
y menos encontrarte.

## EL RELOJ DETENIDO POR ABUSO

Lo tiene merecido
por mirarse en el espejo
verse las canas y no haber visto
marcharse el tiempo.
Ahora que ya todo son dudas
congela el tic-tac del segundero,
que la vida no corra,
se detenga en un reflejo.

## YA NO HAY

Ya no hay viento
que me lleve a navegar.
Ya no hay cuentos
que te tenga que contar.
Ya no quedan sueños
que me queden por cumplir,
y no hay llamadas
que me queden por recibir.
Todo frente a mí, expuesto
Aún no hay final,
apenas queda tiempo.
Ya no hay vuelta atrás.

# AGRADECIMIENTOS

A ti
por no estar
e inculcarme ser feliz y libre,
mi vagabundo de libros preferido.
A León, Nilo, Odín y Carmen
por ser el brazo que agarrarme
detrás de cada piedra en el camino,
os amo.
A Txus por su transparencia y amor a la familia,
por no tener móvil y apoyarme en cada verso
y susurrarme algún título sin estar cerca.
Gracias.
A ti por cantarme la canción del fresquíbiris
para que cerrara la ventana
desde la litera de abajo.
Gracias.
A todos los que no esperáis nada
y sabéis de mis ambiciones.
RUIZ GRACIAS.
A cada momento de la vida
que me ha golpeado fuerte,
para hacerme más duro,
estoy de vuelta,
todo está almacenado.
Gracias por nada.
A ti no,
el dinero no lo es todo
la felicidad sí.

# ÍNDICE